Inhalt

Neue Ziele in der Personalentwicklung - Talente sichten, Führungskräfte binden

Kernthesen

Beitrag

Fallbeispiele

Weiterführende Literatur

Impressum

Neue Ziele in der Personalentwicklung - Talente sichten, Führungskräfte binden

R.Reuter

Kernthesen

- Personalentwickler schauen immer mehr im eigenen Unternehmen nach talentierten Führungskräften.
- Bei der Weiterbildung ist der Trend zur Internationalisierung zu beobachten. Die Unternehmen schulen ihre Mitarbeiter so, dass sie auch in ausländischen Niederlassungen einsetzbar sind.
- Bei den Führungskräften zählen heute weiche Faktoren der Mitarbeiterführung

mehr als noch vor der Finanzkrise.

Beitrag

Personalmanager wollen Nachhaltigkeit

Der bevorstehende Fachkräftemangel und die schon heute geringe Mitarbeiterfluktuation in Deutschland haben in der Personalentwicklung (PE) neue Trends ausgelöst. Immer mehr Personalmanager sehen ihr zukünftiges Hauptaufgabenfeld in einer nachhaltigen Mitarbeiterentwicklung. Führungskräfte sollen möglichst im eigenen Hause entwickelt und Talente an das Unternehmen gebunden werden. Ein weiterer Trend ist die Internationalisierung des Personalwesens. Da immer mehr Geschäfte vom Weltmarkt abhängen und viele Firmen überdies Dependancen rund um den Globus gründen, erhält auch die Personalentwicklung eine internationale Dimension. (1), (2)

Personalentwicklung über Grenzen hinweg

Bei der Internationalisierung der Personalentwicklung stehen die Manager vor großen Problemen. Denn schon nach Fusionen und Übernahmen im eigenen Land ist es häufig schwer genug, eine einheitliche Unternehmenskultur zu entwickeln. Noch komplexer wird diese Aufgabe bei der Integration von Firmenteilen, die über mehrere Kontinente verstreut sind. Bis heute kommt es darum nur selten vor, dass Firmen ihre Konzepte zur Personalentwicklung an allen Standorten gleichermaßen anwenden. Vorherrschend ist stattdessen die Praxis, an jedem Standort eine eigene Personalpolitik zu betreiben. Zugleich zeigt sich jedoch, dass das "Stammlanddenken" immer weiter abnimmt, je erfolgreicher Tochtergesellschaften operieren. (1), (2)

Führungskräfte sollen Vorbilder werden

Bei der Entwicklung von Führungskompetenzen hat die Fähigkeit zu hartem Durchgreifen erst einmal ausgedient. Gefragt sind jetzt solche Manager, die mit sogenannten weichen Eigenschaften ("soft skills") führen können. Eine aktuelle Umfrage zeigt, dass die Personalentwicklung auf Führungskräfte zustrebt, die Mitarbeiter einbinden, sozial kompetent handeln und auf ihre Mitarbeiter eingehen können. Hoch im Kurs steht überdies das Talent, auch in Veränderungsprozessen den Überblick zu bewahren und die Mitarbeiter im Wandel mitnehmen zu können. Ein anderes Kompetenzfeld, das die Finanzkrise in den Fokus gerückt hat, ist die Fähigkeit zur Kommunikation. Sie ist gerade in Veränderungsprozessen das wichtigste Vehikel, mit dem sich der Wandel bewältigen lässt. Zudem ist Kommunikationstalent unerlässlich, um für ein Unternehmen gesellschaftliche Akzeptanz zu erreichen. (1)

Stresserkrankungen bleiben Dauerthema

Ein weiteres Betätigungsfeld für Personalentwickler wird immer stärker das betriebliche Gesundheitsmanagement. Stress und Burnout-Syndrom bleiben Dauerthemen für die Personalabteilungen. Gezeigt hat sich allerdings, dass in Unternehmen, in denen eine wertschätzende Führung gelebt wird und eine stabile Mitarbeiterstruktur herrscht, das Stresspotenzial deutlich geringer ist. Für die Personalarbeit bedeutet die Zunahme von Stresserkrankungen die Aufgabe, solchen Gefährdungen - etwa durch präventive Seminare - möglichst frühzeitig vorzubeugen. (1)

Anleihen bei der Reformpädagogik

Als nicht mehr zeitgemäß wird bei der Mitarbeiterschulung der althergebrachte Frontalunterricht empfunden. Experten plädieren darum dafür, sich bei der Weiterbildung mehr Gedanken um die Art der Wissensvermittlung zu machen. Als ein Vorbild dient hierbei das reformpädagogische Ideal des "freien Lernens", bei dem die Selbstorganisiertheit des Bildungstransfers im Vordergrund steht. (4)

Trends

Monitoring von weichen Faktoren

Während es mittlerweile selbstverständlich ist, die Arbeit von Führungskräften an den Unternehmenszielen zu messen, wurde die Beurteilung weicher Faktoren wie etwa die Personalführung oft ausgeklammert. Den Personalentwicklern war häufig nicht klar, wie sie diesen Bereich der Führungsarbeit überhaupt messen sollen. Hierfür setzen sich Instrumente des Führungsmonitorings, wie eine Studie ergeben hat, jetzt immer mehr durch. 82 Prozent der befragten Unternehmen setzen auf diese Möglichkeit der substanziellen Bewertung von Führungsverhalten. (3)

Fallbeispiele

Axa-Gruppe internationalisiert die Personalentwicklung

Die französische Axa-Gruppe hat ein "Human Resources Steering Committee" eingerichtet. Das Gremium ist damit beauftragt, dem in aller Welt agierenden Konzern eine gemeinsame Unternehmenskultur zu geben. Die zentral angelegten Programme konzentrieren sich auf die Führungskräfte und fördern ihre internationale Vernetzung. So führt die AXA Université für jährlich rund 2 500 Mitarbeiter globale Weiterbildungen zu Managementthemen durch, die in Kooperation mit bekannten Business Schools erarbeitet werden. Ziel ist es, die Führungskräfte des 220 000 Mitarbeiter großen Konzerns mit den verschiedenen Kulturkreisen, in denen Axa aufgestellt ist, vertraut und sie international handlungsfähig zu machen. (2)

Continental schickt Führungskräfte um den Globus

Auch der Continental-Konzern, der 143 000 Mitarbeiter in 46 Ländern beschäftigt, ist dabei, seine Personalarbeit länderübergreifend zu harmonisieren. Bereits seit fünf Jahren versucht der Automobilzulieferer, seine Führungskräfte- und Talententwicklung international auszurichten. Hierfür absolviert jede Führungskraft ein neun Monate dauerndes Training in den ausländischen Firmenvertretungen. Gemessen werden die Führungskompetenzen mithilfe detaillierter Checklisten, Fragebögen und Übersichten, wodurch eine weltweite Vergleichbarkeit der Ergebnisse gewährleistet wird. Nachrückende Manager, die sich in diesem Circuit bewähren, sollen in der Lage sein, bei ihrer späteren Arbeit mit den unterschiedlichen Bedingungen vor Ort umgehen zu können. (2)

Mittelstand setzt auf PE

Personalentwicklung ist nicht länger nur ein Thema für große Konzerne. Auch der Mittelstand setzt zunehmend auf Strategien zur Weiterentwicklung und Bindung seiner Führungskräfte. 95 Prozent der kleinen und mittelgroßen Unternehmen sehen einer

Studie zufolge in der systematischen Personalentwicklung einen entscheidenden Faktor für den Unternehmenserfolg. Besonders wichtig ist den mittelständischen Unternehmen eine per PE erreichte Motivationssteigerung bei der Belegschaft. Zugleich räumen die Unternehmen jedoch ein, dass vor allem ältere Mitarbeiter, Frauen und Migranten als Adressaten systematischer Personalentwicklung bislang vernachlässigt wurden. (6)

Mitarbeitergespräche online

Die Salzgitter Flachstahl GmbH führt ihre Mitarbeitergespräche online durch. Die Ergebnisse der Gespräche sind für die Unternehmensführung auf diese Weise leichter zu bewältigen. Bei den Online-Befragungen geht es besonders oft um Fragen der Weiterbildung. (7)

Personalentwickler müssen sich entwickeln

Nicht alle Unternehmen, die die Leistungen von Personalentwicklern in Anspruch nehmen, sind mit deren Arbeit zufrieden. Kritisiert wird insbesondere, dass PE-Strategien häufig zwar ausgefeilt daherkommen, diese an den Bedürfnissen der

Unternehmen jedoch vorbeigehen. Eine Umfrage hat ergeben, dass Führungskräfte die Ideen der Personalentwickler nicht selten als abgehoben und zu weitgreifend empfinden. Als nicht mehr zeitgemäß wird überdies der bei der Mitarbeiterschulung häufig angewandte Frontalunterricht gesehen. Vorträge und Referate vor einer schweigend lauschenden Gruppe gelten als nicht mehr zielführend. Unzufrieden reagieren Vorstände auch, wenn die Personalentwicklung nur Einzelmaßnahmen ergreift, denen das strategische Gesamtkonzept abgeht. (5)

Weiterführende Literatur

(1) Neue Rolle für den Chef
aus Personalwirtschaft, Heft 02/2011, S. 37-39

(2) Talent Management harmonisieren
aus Personalwirtschaft, Heft 11/2010, S. 26-28

(3) Wissen, was weiterentwickelt wird
aus PERSONALmagazin, Heft 02/2011, S. 30

(4) Selbstorganisiertes Lernen im Unternehmen – wenn Vision Wirklichkeit wird
aus wissensmanagement, Heft 1/2011, S. 38-41

(5) Wünsche an Personalentwickler
aus Personal Nr. 03 vom 28.02.2011 Seite 036

(6) Personal systematisch entwickeln

aus Personal Nr. 03 vom 28.02.2011 Seite 034

(7) Weiterbildung vereinfachen
aus Personal Nr. 03 vom 28.02.2011 Seite 006

Impressum

Neue Ziele in der Personalentwicklung - Talente sichten, Führungskräfte binden

Bibliografische Information der deutschen Nationalbibliothek

Die Deutsche Nationalbibliothek verzeichnet diese Publikation in der deutschen Nationalbibliografie; detaillierte bibliografische Daten sind im Internet über http://dnb.d-nb.de abrufbar.

ISBN: 978-3-7379-0961-7

© 2015 GBI-Genios Deutsche Wirtschaftsdatenbank GmbH, Freischützstraße 96, 81927 München, www.genios.de

Alle Rechte vorbehalten. Dieses Werk ist einschließlich aller seiner Teile – z.B. Texte, Tabellen und Grafiken - urheberrechtlich geschützt. Jede Verwertung außerhalb der Grenzen des Urheberrechtsgesetzes bedarf der vorherigen Zustimmung des Verlags. Dies gilt insbesondere auch für auszugsweise Nachdrucke, fotomechanische

Vervielfältigungen (Fotokopie/Mikroskopie), Übersetzungen, Auswertungen durch Datenbanken oder ähnliche Einrichtungen und die Einspeicherung und Verarbeitung in elektronischen Systemen.